Sinceramente Maisa

HISTÓRIAS DE UMA GAROTA NADA CONVENCIONAL

EDITORA
Silvia Tocci Masini

EDITORAS ASSISTENTES
Carol Christo
Nilce Xavier

ASSISTENTE EDITORIAL
Andresa Vidal Branco

EDIÇÃO GERAL
Felipe Castilho

ROTEIRO DA HISTÓRIA
EM QUADRINHOS
Felipe Castilho

REVISÃO
Maria Theresa Tavares
Carla Neves

FOTOGRAFIAS DE CAPA E MIOLO
Celso Luis/Criativy Estúdio
(exceto páginas 95, 96 e 97)

CAPA
Diogo Droschi

DIAGRAMAÇÃO
Christiane Silva
Diogo Droschi

Dados Internacionais de Catalogação na Publicação (CIP)
Câmara Brasileira do Livro, SP, Brasil

Silva, Maisa
  Sinceramente Maisa : histórias de uma garota nada convencional / Maisa Silva ; [ilustrações Fernanda Nia]. – 1. ed. ;
4. reimp. – Belo Horizonte : Editora Gutenberg, 2016.

ISBN: 978-85-8235-399-8

1. Literatura infantojuvenil 2. Narrativas pessoais. I. Título.

16-06687   CDD-028.5

Índices para catálogo sistemático:
1. Literatura infantojuvenil   028.5

A **GUTENBERG** É UMA EDITORA DO **GRUPO AUTÊNTICA**

São Paulo
Av. Paulista, 2.073, Conjunto Nacional,
Horsa I, 23º andar, Conj. 2301
Cerqueira César . 01311-940
São Paulo . SP
Tel.: (55 11) 3034 4468

Belo Horizonte
Rua Carlos Turner, 420
Silveira . 31140-520
Belo Horizonte . MG
Tel.: (55 31) 3465 4500

Rio de Janeiro
Rua Debret, 23, sala 401
Centro . 20030-080
Rio de Janeiro . RJ
Tel.: (55 21) 3179 1975

www.editoragutenberg.com.br

MAISA SILVA

ILUSTRAÇÕES:
Fernanda Nia

Sinceramente Maisa

HISTÓRIAS
DE UMA GAROTA
NADA
CONVENCIONAL

4ª REIMPRESSÃO

 GUTENBERG

PLOC!
PLOC!

PLOC!

Finalmente...

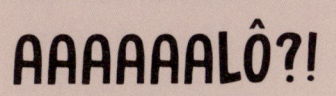

AAAAAALÔ?!

Digo... Cheguei!

Meu nome é Maisa, e este é o...

Sinceramente Maisa

HISTÓRIAS DE UMA GAROTA NADA CONVENCIONAL

Ai, meu Deus! Você é tipo eu, só que há uns dez anos! Como pode?!

Hmmm, talvez seja alguma instabilidade no fluxo temporal. Eu posso ter girado a roleta dos prêmios muito rápido e gerado uma anomalia no espaço-tempo...

...Eu desconheço minha força.

Hã!? Do que você tá falando?! Você sabe que este é o meu livro, né?

NOSSAAAAAAA!

O que tá acontecendo?!

Na verdade, isso se chama "quebra da quarta parede", uma expressão cunhada pelo dramaturgo Bertolt Brecht para fazer suas peças envolverem também a plateia, que supostamente estaria invisível para os atores no palco.

25 ISTO NÃO É UMA BIOGRAFIA, KIRIDINHA!

39 VAMOS FALAR SOBRE FRIENDZONE?

49 BULLYING

63 FAMÍLIA

71 CAPÍTULO BILÍNGUE DA RAINHA DE BEVELE RIOS

81 PRECONCEITO

89 VIAJANDO

105 DE MULHER PRA MULHER, MAIIISAAAA

113 MEDO (E O QUE EU DIRIA PARA A MAISA MAIS NOVA)

121 FUTURO

ISTO NÃO É UMA BIOGRAFIA, KIRIDINHA!

Boooo! O título começa assustando, né?

Antes de mais nada, este livro não é uma biografia. Não mesmo!

Ai, desculpa se estou te desapontando. Miiiil perdões se te decepcionei... mas, definitivamente, não se trata disso.

E vou te contar o porquê!

No momento em que estou aqui escrevendo e pensando, com Pipoca esquentando meus pés, eu tenho 14 anos.

Hã?

Ah, Pipoca? Não estou com meus pés cobertos de pipoca... Pipoca é o nome do meu cachorro-gato!

Pipoca, dá oi pra eles!

Esse "miau" significa "oi". Ele é bilíngue. Depois eu te conto mais sobre isso.

Enfim, retomando... No momento em que estou aqui, teclando que nem uma louca, eu tenho 14 primaveras. Sabe, eu sinto que estou por aí, trabalhando, há muito tempo, mas tenho consciência do meu lugar no mundo. Sei que as pessoas mais velhas devem pensar

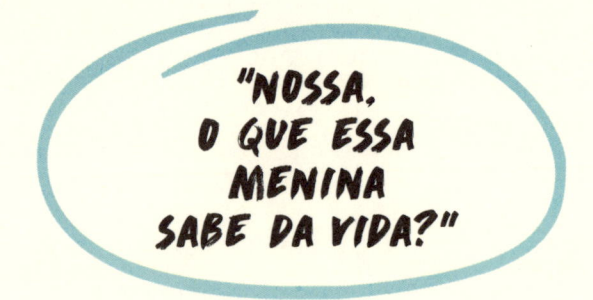

"NOSSA, O QUE ESSA MENINA SABE DA VIDA?"

Caso alguém tenha alguma dúvida, eu já deixo respondido:

EU NÃO SEI DE NADA, NÃO!

ARRÁÁÁ! NÃO ESPERAVA POR ISSO, NÉ?

Achava que eu ia colocar a mãozinha na cintura, dizer "kiridinhaaa" e começar a te dar um sermão pra mostrar minha vasta sabedoria?

Não, não. Tô sendo sincera! Por mais que tenha gente por aí que diga que o sábio reconhece que não sabe de nada, eu não tô tentando fazer a inteligentona diferentona, não!

E você também não sabe muita coisa da vida, provavelmente.

NINGUÉM SABE DIREITO!

É que tem uma coisa que todos nós podemos aproveitar, e isso eu creio que esteja disponível para todo mundo, a qualquer hora:

CONSCIÊNCIA

Ela está lá pra ser usada, basta querer!

Eu tenho consciência de que sou uma criança... Quer dizer, adolescente... Ou seria pré-adolescente?... Ou seri*AAAAAH, TANTO FAZ!* Isso não vai mudar quem eu sou.

O que quero dizer é que tenho consciência de quem eu sou, do meu tamanho no mundo (eu não sou muito alta, mas whatever) e da importância das pessoas que eu amo na minha vida.

Tendo isso em mente, fica fácil imaginar que o próximo, que o amigo que senta na carteira ao lado, que o vizinho da porta ao lado, ou da casa da frente, também é um indivíduo como você. Como eu. Somos todos iguais, sabe?

Então, acho que esta é a melhor maneira de começar nossa conversa: eu sou igual a você, que é igual aos outros, que são tooooodos iguais.

DIFERENTES, MAS IGUAIS!

POIS TODOS QUEREM UMA COISINHA BÁSICA:

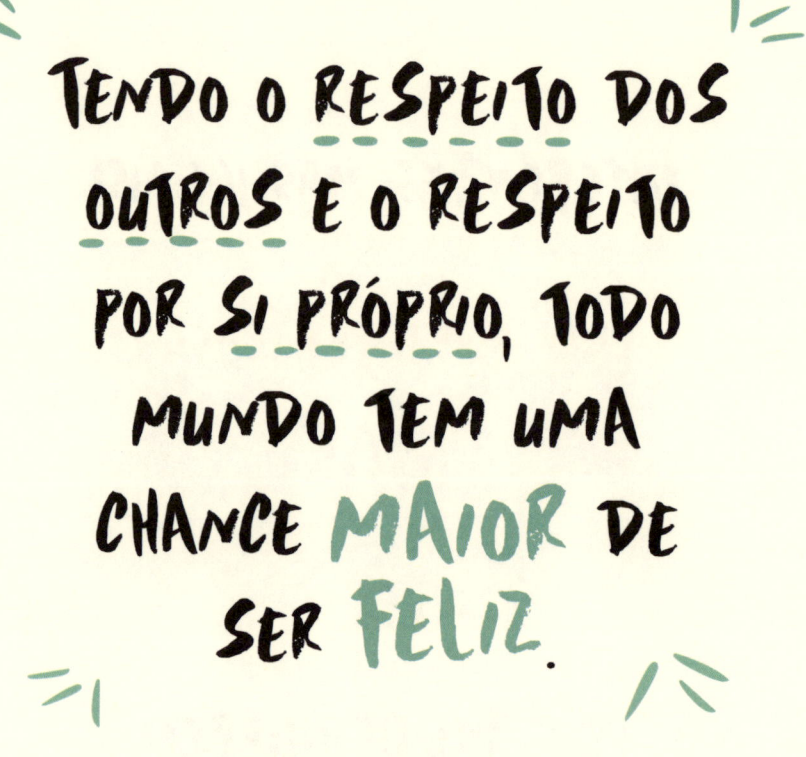

TENDO O RESPEITO DOS OUTROS E O RESPEITO POR SI PRÓPRIO, TODO MUNDO TEM UMA CHANCE MAIOR DE SER FELIZ.

É por isso que digo que este livro não é uma biografia.

É UM LIVRO SOBRE NÓS.

E nós estamos conversando, o que talvez transforme este livro numa conversa encadernada... Ou em um caderno de conversas? Hummmm... Você me ajuda a escolher! Ele é tão seu quanto meu!

ESTE LIVRO PERTENCE
À
MAISA SILVA
& A

*
- -

- -

↑

(SEU NOME AÍ EM CIMA!)

Bom, só acho que seria muito egoísmo falar tanto de mim quando tenho uma oportunidade maravilhosa dessas de alcançar tantas pessoas.

Livros são mágicos! Este aqui mesmo é tão mágico que me fez encontrar minha versão baby lá nas primeiras páginas. *

LOUCURA, LOUCURA!

Enfim, eu me lembro de quando li *Cidades de papel*, do John Green, pela primeira vez (amo o livro E o filme!) e fui transportada para uma viagem pelos Estados Unidos sem tirar os pés do meu quarto! E quando li *Um ano inesquecível* e passei pelas quatro estações do ano em poucos dias?

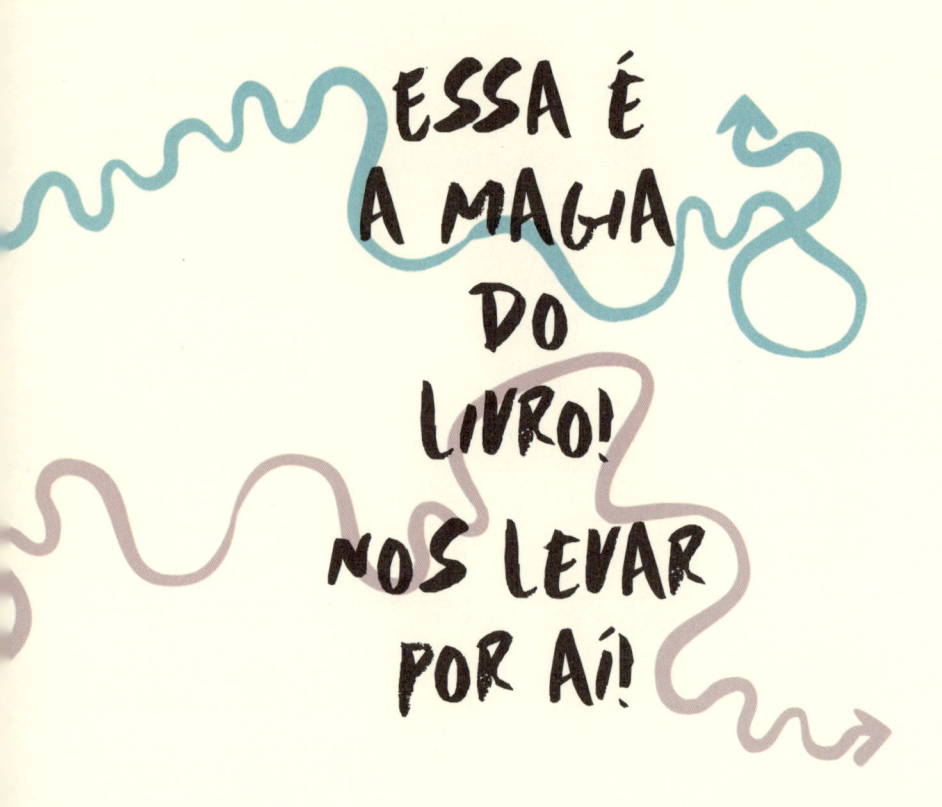

ESSA É A MAGIA DO LIVRO! NOS LEVAR POR AÍ!

Eu tenho que ler um monte de roteiros pra novelas, filmes... mas mesmo com as vistas cansadas depois de tantas páginas, eu ainda consigo pegar um livrinho pra relaxar. O que é perfeitamente normal, se pensarmos que nós muitas vezes pensamos "ah, não tô a fim de ler! Vou lá olhar o face ou o tuínter!".

AMO O TUÍNTER! Se você me segue lá, isso não deve ser novidade.

@MAISASILVA

E QUANDO A GENTE TÁ LÁ, NÃO ESTAMOS LENDO?

Depois vem as miga me falar "ah, não gosto de ler!".

Lê textão dos outros nas fotos do insta, lê post pra caramba... É a mesma coisa! E olha, livro é até melhor, porque não vem com a dose gigantesca de besteiras que as redes sociais às vezes nos proporcionam... O que elas têm de maravilhoso, também têm de bizarro!

Enfim... acho que vocês já perceberam que este livro vai ser um livro como eu: geminiano. Vamos falar de várias coisas ao mesmo tempo!

Eu simplesmente **NÃO CON—SI—GO** falar de uma coisa só. Eu tento me concentrar, sabe? Mas aí, quando me dou conta, já estou em outro assunto **COMPLETAMENTE DIFERENTE.**

Tem gente que acha isso estranho. Aliás, acho que muita gente me vê como uma alienígena.

Não você... Bom, talvez você também.

NÃO FAZ ESSA CARA, EU NÃO VOU TE ABDUZIR.

Eu comecei a trabalhar tem muito tempo, apesar de que, pra um adulto que esteja lendo isso, esse "muito tempo" tenha sido praticamente ontem. Eu sei que sou novinha, sei que talvez você já usasse sutiã ou tivesse barba quando eu girava uma roleta com um monte de crianças gritando *PREISTEIXO* e chorando quando caía no Jogo da Vida.

"Só sei que nada sei."

SÓCRATES

Mas talvez eu não lhe pareça tão estranha se você souber que vim de família humilde, como a maioria das pessoas. É, minha família não era rica, não. Meus pais vieram do interior, e nossa situação financeira só mudou por causa da minha carreira, que começou cedo.

E ELES TAMBÉM NUNCA ME OBRIGARAM!

Na época, eles chegaram pra produção do programa do Raul Gil , que me queria como assistente de palco, e disseram que não iriam mais ficar me levando toda semana, que talvez não me fizesse bem.

BEIJO, RAUL!

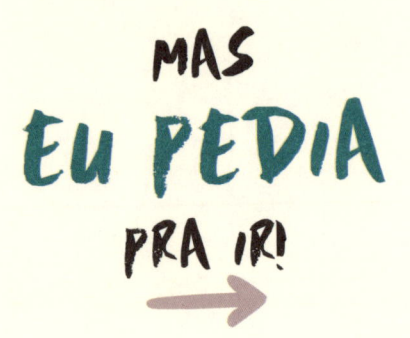

MAS EU PEDIA PRA IR!

Eu adorava tudo aquilo, os bastidores, os câmeras e todo mundo que me tratava com tanto carinho... Me sentia tão bem lá quanto em casa!

Lembro que depois, já no SBT, minha mãe levava uma mala tão grande para o estúdio que parecia uma geladeira. Dentro tinha fogãozinho, ingredientes de mentira... E eu ficava brincando de casinha nos bastidores, de tão à vontade que me sentia.

Eu adorava essas coisinhas realistas, que faziam com que me sentisse dando uma de adultinha! Quanto mais realista, mais eu amava!

Eu queria ser cozinheira, e olha que o MasterChef ainda nem existia!

Pois é. Maisa também é pura vanguarda das tendências!

VAMOS FALAR SOBRE FRIENDZONE?

Já ouviram falar desse nomezinho, né?

Não, não é um jogo pra preisteixo, tipo "Friendzone 2 – Killing Fields".

Friendzone é o nome que dão para o estado, para a condição, para o lugar imaginário onde um menino se coloca quando está sendo legal com uma menina em quem quer dar uns beijos e descobre que, **PASMEM**, ela não quer nada além de amizade!

COMO ASSIM?!

PENSAM MENINOS COMO ESSE. ELES NÃO SABEM LIDAR COM REJEIÇÃO.

EU TÔ SENDO LEGAL COM ELA E NÃO VOU GANHAR NADA EM TROCA?

— PENSAM ESSES MESMOS MENINOS.

Se é comigo, olha o que você ganha em troca...

SEGURA MEU LIKE AÍ, FERA!

É só!

Ninguém é obrigado a gostar de ninguém, não! Calma, calma... não confunda as coisas.

RESPEITAR A GENTE É OBRIGADO, SIM! QUALQUER UM.

Agora, vamos supor uma situação?

Imaginem: um amigo seu da escola diz que tá gostandinho de você.

Tá.

Aí você pensa:

Hum, engraçado, nunca pensei nele dessa forma... E não vou pensar agora, ainda acho que ele é só meu amigo.

Então, você responde que ele é muito legal, mas que pra você ele ainda é só um amigo e taaal...

Aí ele fica nervoso!

Faz sentido?

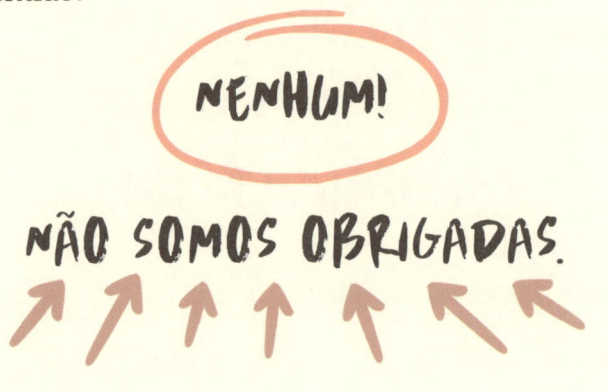

NENHUM!

NÃO SOMOS OBRIGADAS.

Ninguém é.

Os meninos sempre forçam, sei lá... são pegajosos! Parece até que não conseguem se controlar. Carinhas, dica da Maisinha:

Jeitinho de machinho só dá mais raivinha.
A GENTE QUER DISTÂNCIA!

Existe amizade entre **TODO TIPO DE GENTE** (e coisas). Dá pra ser amigo até de plantas! Eu dou bom-dia *pras frozinha nos vaso tudo!*

VOCÊ CONSEGUE
SER SÓ AMIGO!
SIM, VOCÊ PODE!
YES, YOU CAN!

Às vezes você fica nessa de querer dar uns beijos em todo mundo e perde verdadeiras amizades que poderiam ser pra vida inteira. Sim, porque mesmo que acabe dando certo...

SEMPRE VAI
DAR RUIM!

Vai, vamos supor, o cara é correspondido pela amiga. Depois de um tempo, a amizade virou algo a mais e eles chegam à conclusão de que gostam um do outro. Hum.

Aí eles vão, ficam um tempo, terminam e...

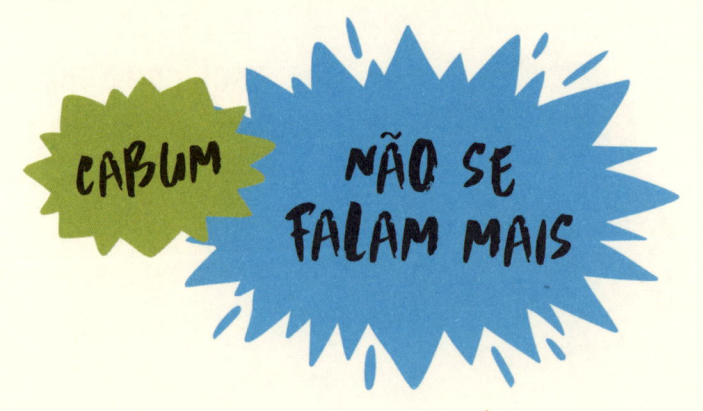

CABUM

NÃO SE FALAM MAIS

Aí não tem mais nem a velha amizade, que era tão legal.

Sem contar todas as confusões com amigos, que tomam partido nas brigas. "Ah, você terminou com Fulaninha, então não falo mais com você."

E NESSAS A TURMA INTEIRA É SEPARADA.

POXA, PRA QUE TANTO DRAMA NUMA FASE TÃO LEGAL DA NOSSA VIDA E QUE NÃO VAI VOLTAR, SABE?

Somos xóvens, temos tanta coisa pra fazer juntos antes de começarmos a nos encrencar no coração dos outros. E esses namoricos tomam tempo da pessoa a ponto de ela não ter mais tempo para os outros... acabam com tantas amizades, sabe?

Eu sei que às vezes a vida nos força a amadurecer mais rápido do que o costume. Muitas coisas aconteceram rápido demais pra mim... mas o que a gente puder aproveitar, vamos aproveitar.

AS AMIZADES DESSA FASE DA VIDA, A ESCOLA, SÃO AS MAIS IMPORTANTES PARA CONSTRUIRMOS BOAS LEMBRANÇAS PARA UM FUTURO, PARA A FORMAÇÃO DE NOSSOS "FUTUROS EUS"!

Será que a Maisinha imagina como seremos adultas?

Lembrem-se sempre de uma coisa:

Se a pessoa gosta de você, vai entender que ela não pode te forçar a sentir algo que você não consegue.

Isso também vale para outros assuntos. Amigos não são amigos porque você cede ao que eles te pedem.

Eles são amigos porque estão ao seu lado pro que der e vier, e porque o carinho entre vocês é uma coisa compartilhada. Que nem uma conta da Netflix ✳, sabe? Uma conta só, que várias pessoas podem usar e manter os seus próprios perfis!

EXEMPLO PERFEITO!

FRIENDZONE É UMA BESTEIRA

que só não é mais ridícula que o assunto do próximo capítulo...

BULLYING

Não que debater o assunto seja besteira, **VEJA BEM!**

O que eu quero dizer é:

O BULLYING ACONTECEU POR MUITO TEMPO ATÉ COMEÇAREM A DAR ATENÇÃO AO PROBLEMA, INCLUSIVE DAREM NOME A ELE.

Depois disso, muitos pais se conscientizaram, muitas escolas começaram a combater isso das maneiras possíveis, e muita gente começou a expor o problema ao mundo.

O BULLYING É ERRADO. PRONTO.

Não é difícil de entender que uma pessoa não pode ser ridicularizada por algo em sua aparência, em seu jeito ou por qualquer coisa, certo?

Então, com tanta informação,

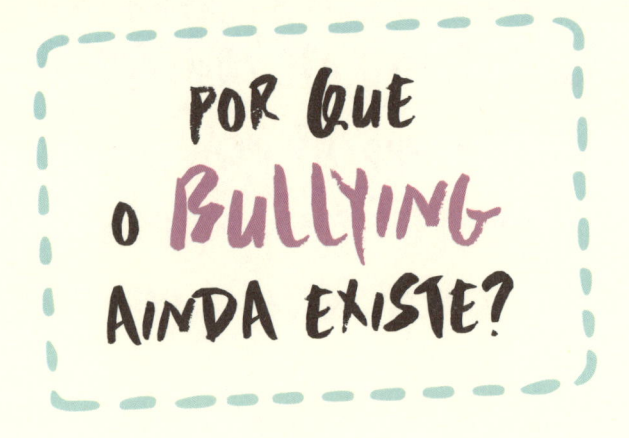

POR QUE O BULLYING AINDA EXISTE?

Eu estou em idade escolar. Até o momento atual, já me zoaram por tudo nessa vida! Já me apelidaram de

PATO DONALD por causa do aparelho. Na época que o *Pânico na TV* fez a **MALISA, A MENINA MONSTRO**, as pessoas me infernizavam com esse apelido...

> ...e não sabiam brincar do mesmo jeito que o pessoal do Pânico brincava... eles vinham pra magoar, com ênfase no *monstro*, sabe?

Já tentaram me zoar até por causa do **PREISTEIXO!**

> Eu amo ser Lembrada por causa dos preisteixos, vocês não têm noção!

Já tive até professor que não gostava de mim e fazia "bullying inconsciente" (é assim que eu tento encarar; não quero acreditar que um educador seja tão mesquinho, sabe?).

Mas aprendi com o tempo que a chave pra combater o bullying é não se calar.

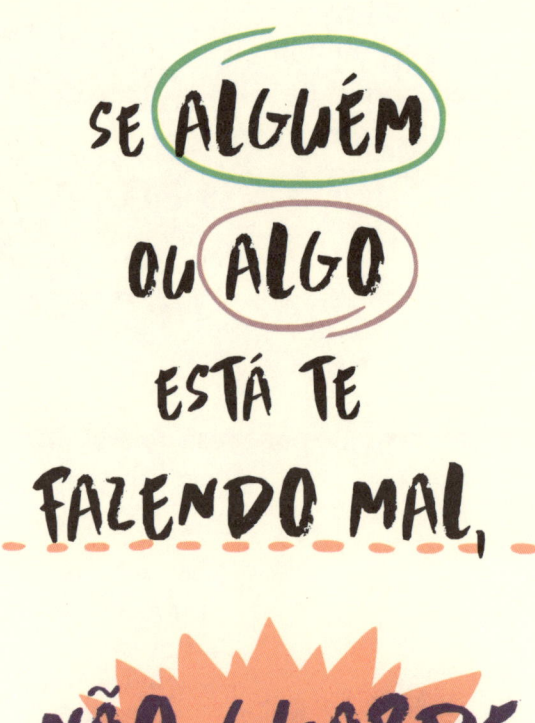

SE ALGUÉM OU ALGO ESTÁ TE FAZENDO MAL,

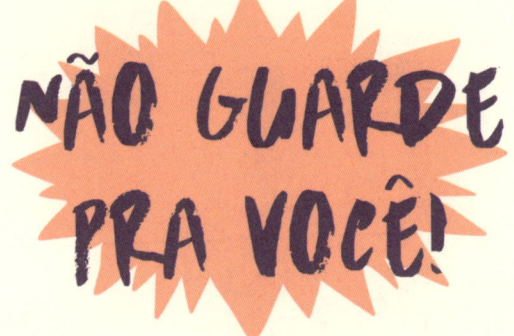

NÃO GUARDE PRA VOCÊ!

Quando mexem em algum ponto onde dói, não é hora de ter orgulho. Fale com as pessoas próximas!

PAI   MÃE   AMIGOS*

* DE VERDADE

Quanto mais você prolongar essa história de ouvir coisas que te ofendem e magoam, mais cabeças esse monstro vai criando. Eu sei que às vezes não queremos falar, porque pode parecer besteira... Eu mesma já passei por humilhações bem ruins...

E qual humilhação não é?

...e fingia dor de cabeça pra sair mais cedo de onde estava...

MAS EU NÃO DEVERIA.

Quem está errado é quem humilha! A história de "os incomodados que se retirem" não é regra geral, não vale para qualquer ocasião. As pessoas que sofrem já não passam muito tempo amargando a maldade alheia para ainda terem que recolher suas coisas e procurar um lugar em que não sejam julgadas e maltratadas?

Eu demorei para contar aos meus pais que sofria bullying,

mas o quanto antes eu tivesse falado sobre isso, antes eles teriam tomado providências.

Eles ficaram do meu lado, tomaram uma atitude e foram à raiz do problema imediatamente!

Bom, essas coisas aconteceram quando eu era bem pequena. E criança pequena é uma peste! Quando querem ser maldosas, elas *SÃO!* E muitas vezes são assim porque imitam o comportamento de alguém...

Agora, o que tem de gente crescidinha fazendo bullying...

Principalmente na internet.

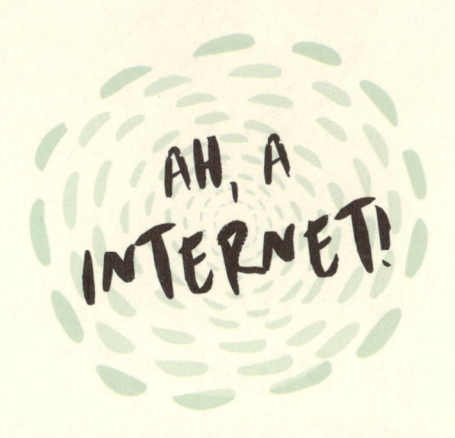

AH, A INTERNET!

Nela, todo mundo é corajoso! Nela, todo mundo se acha imbatível.

MAS, FRENTE A FRENTE, NINGUÉM FALA DAQUELE JEITO.

Ninguém chega pessoalmente pro outro e fala "ah, olha, seus óculos são ridículos e você fica horrível de aparelho!" e fica lá, parado pra ver a reação. Porque esse alguém tem medo de apanhar, tem medo de que a pessoa revide, que ela também aponte algum "defeito" e ele tenha que lidar com isso.

AS PESSOAS QUE PRATICAM BULLYING SÃO INSEGURAS.

TÃO INSEGURAS QUE TENTAM DEIXAR OS OUTROS INSEGUROS TAMBÉM PARA SE SENTIREM MELHORES.

Por isso eu acho que a tecnologia agravou o bullying. Ele se tornou compartilhável! Tudo vira meme, e com humor de mau gosto que só funciona às custas do sofrimento de alguém.

E outra coisa: vamos ter

EMPATIA

Você pode não sofrer bullying (assim espero) ou não ser afetado por ele, já que agora você sabe que quem te xinga faz isso porque é inseguro; mas se você vir alguém sofrendo ou alguém fazendo, não se cale! Não ria. Não é só uma brincadeira. Essa "brincadeira" pode levar pessoas à depressão, sabia?

NÃO PARTICIPE, E SE ALGUMA CORRENTE CHEGAR ATÉ VOCÊ, QUE PARE EM VOCÊ!

ESTAMOS AQUI PRA ESPALHAR AMOR, NÃO ÓDIO. ALIÁS...

Se tudo o que é ruim se espalha rápido, que tal vocês me ajudarem em uma coisa BOA PARA QUE ELA SE ESPALHE RÁPIDO?

Alguém na sua escola anda sofrendo bullying...

POR TER O CABELO
FORA DOS PADRÕES?

POR SER MAGRO DEMAIS?

POR ESTAR ACIMA DO PESO?

POR TER LÍNGUA PRESA?

POR NÃO CONSEGUIR FAZER
ALGO QUE A MAIORIA FAZ
COM FACILIDADE?

Faça o seguinte:

* **JUNTE-SE** A TODAS AS PESSOAS QUE TAMBÉM QUEREM PARAR COM ESSA ONDA QUE MACHUCA TODO MUNDO;

* VÁ ATÉ O PERFIL DO FACEBOOK, INSTAGRAM OU TWITTER DA PESSOA QUE ESTÁ SOFRENDO BULLYING;

* COMENTE **ALGO DE BOM** EM UMA FOTO DELA, PRA LEMBRAR A PESSOA DE QUE ELA É INCRÍVEL DO JEITO QUE ELA É, SEM MUDAR NADA!

Essas pessoas precisam se lembrar de que não é a opinião de gente insegura e mesquinha que conta!

MELHORE O DIA DE ALGUÉM.

ESTAMOS AQUI PARA APOIAR UNS AOS OUTROS, E NÃO PARA SERMOS PEDRAS NO CAMINHO!

FAMÍLIA

Eu agradeço a Deus todos os dias por ter colocado tantas pessoas incríveis em meu caminho. Desde a família que me trouxe ao mundo, a minha biológica, minhas raízes, até as famílias que a amizade e o carinho construíram ao meu redor.

Da parte sanguínea, minha família é muuuuito grande e muito engraçada, **OLHA SÓ:**

Os pais do meu pai, também conhecidos como meus avós, têm **NOVE** filhos.

Meus avós por parte de mãe só tiveram **TRÊS** filhinhos. Tranquilo.

E é todo mundo misturado! Loiro, moreno, branco, negro... **_TUDO JUNTO, TUDO LINDO!_**

E ter muitos tios só pode significar uma coisa:

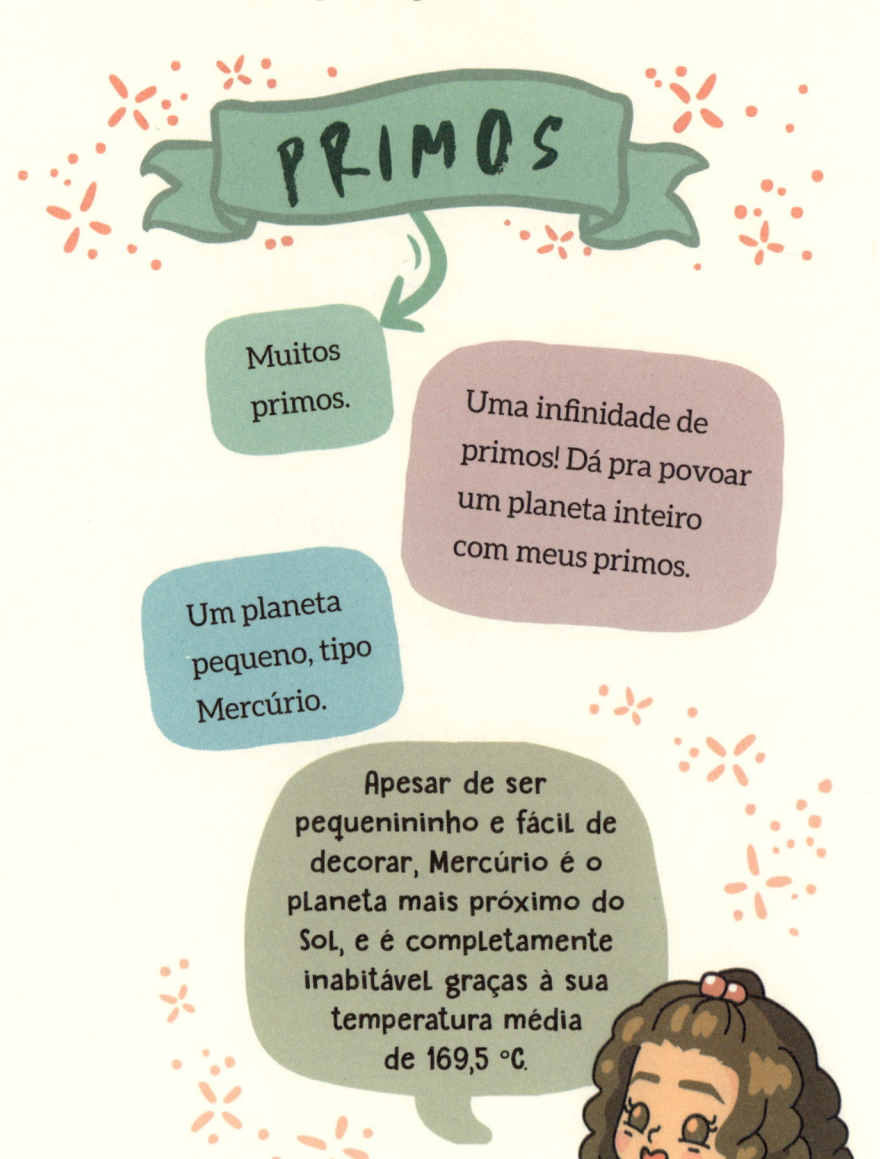

PRIMOS

Muitos primos.

Uma infinidade de primos! Dá pra povoar um planeta inteiro com meus primos.

Um planeta pequeno, tipo Mercúrio.

Apesar de ser pequenininho e fácil de decorar, Mercúrio é o planeta mais próximo do Sol, e é completamente inabitável graças à sua temperatura média de 169,5 °C.

Aliás, já que estamos nesse papo de astronomia, é bom lembrar que o nosso planeta Terra é uma grande família. Acho que as pessoas só se recusam a ver isso...

Poxa. Dividimos o mesmo ar, necessitamos do mesmo respeito básico de que tanto já falei neste livro...

Não queremos a mesma coisa? É uma família, sim. Bagunçada, confusa e tão grande que eu ainda não decorei o nome de todo mundo.

E também tem a minha família de coração, as várias pessoas que passam na minha vida, cada uma delas trazendo alguma coisinha que me ajuda a ser o que eu sou. O Silvio, por exemplo... Qual Silvio? O Abravanel! Digo, o Santos!!!

MA ÔEEEE!

Inspiração! Mito! Sou eternamente grata por ter esse patrão! Assim como sou grata por todo mundo que abriu portas pra mim, como o Raul Gil! Gente... Vocês não têm noção de como esse homem é engraçado, elétrico, e de como ele transmite todo aquele carisma...

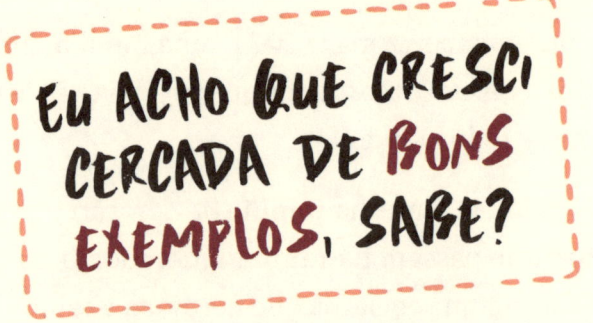

EU ACHO QUE CRESCI CERCADA DE BONS EXEMPLOS, SABE?

DOS MAIS SIMPLES ATÉ OS QUE ATIRAM AVIÕEZINHOS DE DINHEIRO MANTENDO A HUMILDADE.

E o bom de ter várias famílias e o coração aberto pra quem quiser chegar é isso: a família nunca para de crescer! Independente de crença, orientação sexual, raça, quantidade de patas...

PATAS, GENTE!

Já conhecem a parte peluda da minha família?

Não, não somos Lobisomens. Calma! VOLTA AQUI!

Eu até falei do Pipoca lá atrás, mas não sei se você prestou atenção... então, aproveito para apresentar formalmente:

PIPOCA E BANDEIRINHA!

Eles não são lindos?
Não dá vontade de apertar?
Não são as coisas mais gostosas do mundo?

BANDEIRINHA  chama assim porque ele tem uma mancha nas costas que parece a bandeira do Brasil. Incrível, né? Como pode um cachorro nascer com "Ordem e Progresso" e várias estrelinhas nas costas?

Tá, é mentira. Ele só tem o losango.

＊ Bandeirinha é um beagle! Daqueles que parecem que estão sempre sorrindo, sabe?

E o...

Pipoca!

PERFIL DO PIPOCA

- RAÇA: CHOW CHOW
- IDADE: 7 ANOS (DE GENTE)
- PESO: NUNCA PESEI ELE, MAS SÃO MUITOS PESOS
- NÚMERO DE PATAS: 4

Ai, gente... Não sei fazer perfil de cachorro. Até porque ele é um cachorro que pensa ser gato. Ele deve ter trocado de mente com um felino em seu nascimento (então em algum lugar por aí tem um gato se comportando que nem cachorro. Se souber, me avise!).

Pipoca é silencioso, sorrateiro e te olha com desdém, mas adora crianças. Ele tá com 7 aninhos, já é um respeitável rapaz e membro absoluto da família. Eu ganhei o Pipoca quando tinha 7 anos, e isso reforça o fato de que ele tem 7 vidas.

QUE RAÇA É A DELE?

DIVERGENTE!

CAPÍTULO BILÍNGUE DA RAINHA DE BEVELE RIOS

Às vezes eu paro pra pensar nas coisas que eu gosto, tipo bandas, filmes e séries, e fico imaginando como seria se os nomes delas fossem traduzidos.

GENTE...

VAMOS FAZER UM TESTE?

AHAM

Olá, meu nome é Maisa e eu adoro assistir *TEEN WOLF*.

NORMAL, NÉ?

AGORA, SEGURA ESSA.

Olá, meu nome é Maisa e eu adoro assistir LOBO ADOLESCENTE.

AIN...

E TEM MAIS!

→ RAINHAS DO GRITO

→ OS CEM

→ LINDAS MENTIROSINHAS

→ GRITO

→ FLECHA

→ LARANJA É O NOVO PRETO

Consegue adivinhar os **NOMES ORIGINAIS?**

→ --

→ --

→ --

→ --

→ --

→ --

Me fale mais alguns exemplos aqui, então!

TABELA DE NOMES ORIGINAIS

TABELA DE NOMES RIDÍCULOS

FAZENDO ESTE CAPÍTULO BECAUSE ACABEI DE VOLTAR DOS STATES E ESTOU FEELING POLIGLOTA. SOU A RAINHA DE BEVELE RIOS, MINHA KIRIDINHA. DIGO, MY LITTLE DARLING.

Às quartas vestimos rosa e preto, pois somos góticas suave.

PRECONCEITO

Tem uma coisa que me irrita demais:

CABEÇA
FECHADA

As pessoas acham que vão ser a mesma coisa para o resto da vida, e com isso acreditam que terão "aquela velha opinião formada sobre tudo", para sempre.

POR SEGUIREM UMA ÚNICA IDEIA SEM OLHAR PARA OS LADOS, SEM ABRIR A CABEÇA PARA OUTRAS POSSIBILIDADES, AS PESSOAS PERDEM COISAS REALMENTE INCRÍVEIS.

Por exemplo: eu nunca me divertiria tanto se não me sentasse de vez em quando com meu pai pra assistir filme de **PORRADA!**

Por essa você não esperava, hum?

Normalmente, prefiro um draminha adolescente, um romance bonito ou um filme de fantasia... Mas eu não preciso me fechar nisso!

EU ME PERMITO VER COISAS DIFERENTES DE VEZ EM QUANDO, ENTENDE?

Não tenho que ficar parecendo A CULTA ou A DELICADA pra ninguém, não!

Ôxi! Além disso, eu sou eclética *MESMO*: minha play-list tem de Wesley Safadão a Justin Bieber. Tem de samba da década de 1930 até single do Shawn Mendes que saiu ontem.

Infelizmente, a cabeça de algumas pessoas não é fechada só pra essas coisas triviais, não.

Preconceito nunca foi coisa boa – a questão é que ele já foi considerado "normal". Mas hoje temos informação! Hoje as pessoas não se calam mais e apontam onde dói, entende? E tem gente que em pleno século XXI ainda acha motivo pra esbanjar ignorância, disfarçando ódio como *liberdade de expressão*.

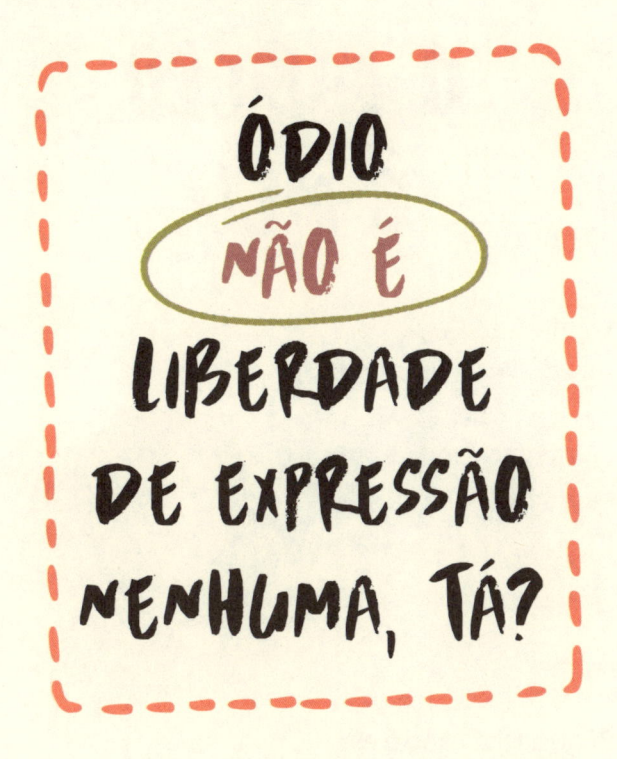

Nós já conversamos sobre bullying, e falamos lá que muito do que acontece é porque as pessoas não conseguem respeitar as diferenças. E o preconceito anda muito frequentemente de mãos dadas com o bullying.

Outro dia vieram me perguntar como eu tinha "alisado o meu cabelo ruim".

CABELO. RUIM.

Gente, primeiro de tudo:

O CABELO É MEU.

Se eu quiser pintar, alisar ou raspar tipo a Eleven, eu vou.

Mas a questão não é essa...

As pessoas têm cabelos crespos, enrolados, encaracolados, ondulados... É o cabelo delas, e o meu cabelo é assim! Se você chama de "ruim" qualquer cabelo que não seja liso, significa que você está fazendo juízo de valor, como se as pessoas valessem mais ou menos de acordo com suas características individuais!

As pessoas têm valores diferentes, mas não cabe a mim (ou a você) julgar. Só sei que o que nos diferencia são nossas atitudes, não nossa religião, nossa orientação sexual, nossa cor.

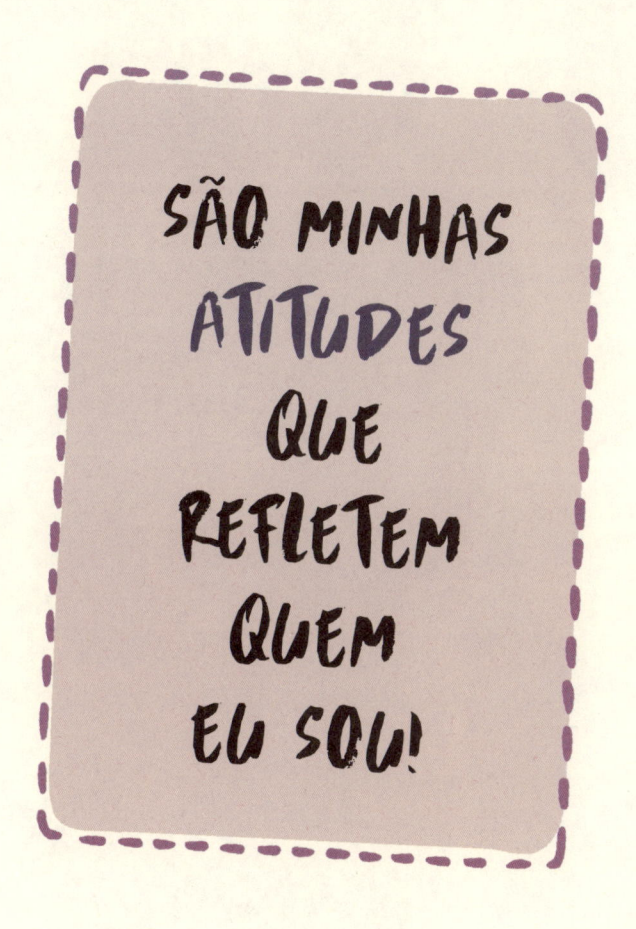

SÃO MINHAS ATITUDES QUE REFLETEM QUEM EU SOU!

VIAJANDO

Gente, eu costumo viajar muito.

Tanto **MENTALMENTE** e **LOUCAMENTE** (quem me segue no tuínter sabe muito bem...)

quanto tirando os pés de **UM LUGAR** e indo **PRO OUTRO.**

Acho que o fato de ir daqui pra lá e de lá pra cá o tempo todo me fez gostar de estar em constante movimento, sabe? Amo estar na estrada, amo conhecer lugares novos. Como eu moro um pouco afastada de São Paulo, qualquer coisa que eu tenha que fazer na capital vira uma pequena viagem. **ENTÃO, ALIMENTO O BICHINHO DA ESTRADA TODOS OS DIAS.**

Sem contar que cada viagem é sempre muito diferente uma da outra, mesmo se voltarmos para um lugar que já conhecemos. Nós mudamos tanto, até mais do que os lugares e as cidades...

Mas acho que essa coisa de bater perna pelo mundo já foi gravada em mim desde muito cedo. A minha primeira viagem marcante foi com 1 ano e pouco, e não foi pouca coisa, não:

De Andradina, cidade do interior de São Paulo próxima à divisa com o Mato Grosso do Sul, até Belém do Pará.

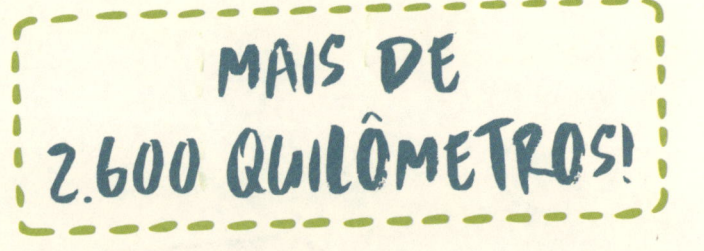

MAIS DE 2.600 QUILÔMETROS!

E sabem como?

Segura essa marimba, monamu! TÃO SENTADOS?

DE CAMINHÃO!

Meu avô era caminhoneiro e perdeu as contas de quantas vezes subiu e desceu esse Brasil na boleia de um caminhão. **COMO UMA BOA NETA, FUI BATIZADA CEDO!**

Nessa viagem tive meu primeiro contato com índios! Eu passei mal na ocasião, e eles me receitaram andiroba. Minha mãe pegou, me deu e... curou! Foi uma das piores coisas que eu já tomei, mas como funciona! Milagroso!

"Mamãe, nunca mais me dá andiroba!"

SILVA, MAISA.
BASEADO EM FATOS REAIS.

Apesar dessa viagem, falta eu conhecer muito do Norte e do Nordeste! Fortaleza é um dos meus lugares favoritos no Brasil! Maceió é meio que uma casa fora de casa! É uma injustiça eu não conhecer **TUDO** no Norte e no Nordeste!

Bom, recentemente, enquanto eu fazia o livro, fui pra Orlando! ♡

OLHA, NESSA VIAGEM EU NÃO FUI SÓ DE CORPO, VIU? FUI DE CORPO E ALMA!

E nem precisei tomar andiroba. Fiquei hospedada numa casa lindíssima e fui em tudo que é parque que eu queria com amigos que amo! ✳

SEM CONTAR AS MINHAS MARAVILHOSAS VIAGENS PARA BEVELE RIOS, MEU REINO IMAGINÁRIO.

{ Também vi brasileiro pra caramba, tanto que às vezes nem parecia que eu estava fora do país. }

Como eu sou muito desorganizada, vou tentar fazer aqui uma listinha dos lugares que já fui, organizar as fotos, botar em ordem...

Que tal vocês usarem as páginas a seguir para fazerem suas anotações de viagem? Podem ser as viagens curtinhas, as que foram pra não tão longe, as que foram pra outros planetas, as que foram pra Hogwarts ou as que foram pra Nárnia... Se quiserem compartilhar fotos de suas viagens recentes, postem no insta ou no tuínter com a

#SinceramenteViagens

Assim podemos compartilhar e encurtar as distâncias entre nós! <3

COMO EU TÔ POÉTICA HOJE.

ANOTAÇÕES DE VIAGEM

ANOTAÇÕES DE VIAGEM

ANOTAÇÕES DE VIAGEM

ANOTAÇÕES DE VIAGEM

ANOTAÇÕES DE VIAGEM

DE MULHER PRA MULHER, MAIIISAAAA

Eu queria colocar um capítulo sobre moda e estilo mais para poder dizer uma coisa pra vocês:

RELAXEM!

Eu sou básica no meu dia a dia. Eu gosto de estar confortável!

E estar confortável consigo mesma é também não entrar numas neuras de não repetir roupa, de precisar comprar X vestidos a cada X dias...

Se você se emperiqueta o tempo inteiro, a beleza se torna uma prisão. Cadê o sossego? Não pode sair na rua sem antes fazer maquiagem completa? Não pode aparecer em algum lugar com uma roupa repetida que, sinceramente, pouquíssimas pessoas perceberiam?

Olha, a Michelle Obama, que já encabeçou a lista da revista *Forbes* de mulheres mais poderosas e vááááárias listas de mulheres mais elegantes, usa a mesma roupa inúmeras vezes! ✳

MAIOR EXEMPLO DISSO!

Ô, mulher elegante! E não é por ter aparecido numa lista famosa, não... É porque ela transmite isso no olhar, na fala, na postura!

E SE MICHELLE OBAMA NÃO LIGA DE REPETIR VESTIDOS, POR QUE ✳EU✳ LIGARIA???

Eu gosto de misturar peças de roupas no dia a dia, criar novas combinações! Misturo um look com outro, troco acessórios e... minha roupa fica nova!

E outra coisa maravilhosa:

Fui assim na estreia de *Carrossel*, de jeans! É incrível como encaixa em qualquer situação e como nos deixa bem sem tirar nosso conforto.

Quando a gente gosta de um look, é natural querer usar ele pra sempre. E tem que usar bastante mesmo! Depois eu cresço e deixo de caber no vestido e fico aí pelos cantos chorando porque não aproveitei...

Sua vez! Desenhe nosso look, pinte da cor que você quiser, tire uma foto e compartilhe com a #SinceramenteLooks.

MEDO
(E O QUE EU DIRIA PARA A MAISA MAIS NOVA)

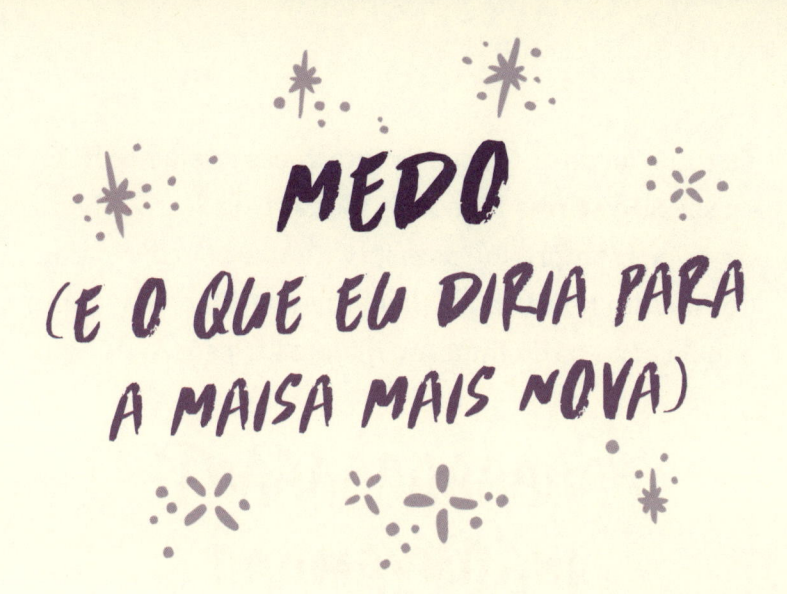

Poucas pessoas têm a oportunidade que estou tendo aqui, essa de encontrar a minha miniversão. Não é todo dia que isso acontece...

Eu fico pensando que talvez essa seja uma boa oportunidade de tranquilizá-la, sabendo o tanto de coisa que ela ainda vai enfrentar, quantos desafios ela ainda vai encarar...

E eu lembro o quanto que eu era medrosa, sabe?

Eu tinha medo de *O Rei Leão*, pra vocês terem noção. É, eu sei. Se eu tinha medo das hienas e do Scar? Talvez. Os vilões sempre me assustavam um pouco; o Jafar de Aladdin também me dava um medinho. Mas sabe aquele começo do filme, no dialeto africano?

NAAAAAAAAAAANTS INGONYAMAAA BAGITHI BABAAAAAA

Essa parte da música é no dialeto ZuLu, e "Nants ingonyama bagithi Baba" significa "aí vem um Leão, meu pai".

Então, nem um minuto de filme e eu já gelava só com aquilo! Lembro que até falava "mãe, segura a minha mão!".

OUTRO MEDO:

O FANTASMA DA ÓPERA.

Quando começava aquele tema principal (com o órgão sinistro!), eu achava que ele ia atravessar o espelho e me levar pra dimensão dele... Sei lá! Eu tinha muita imaginação, sempre tive... Em alguns momentos, nossa imaginação também aumenta os nossos medos, e passamos a enxergá-los maiores do que realmente são.

Pra não dizer que o meu problema era só com músicas e musicais:

EU TAMBÉM TINHA MEDO DE HALLOWEEN!

Há pouco tempo, celebraram o Dia das Bruxas aqui perto de casa, naqueles moldes americanos. Crianças fantasiadas, gostosuras ou travessuras, batidas nas portas... Até contrataram um monte de artistas para interpretarem monstros famosos!

Tá. Aí eu pensei: "Ah, eu já tenho maturidade!".

Ah, tá. Até parece!

Corri que nem uma desvairada e pedi pra um vizinho deixar eu me esconder por um tempo dentro da casa dele.

Então, eu acho que diria pra Pequena Maisa:

NÃO TEMA NADA!

↓

É SÓ UM FILME.

↓

É SÓ UM HOMEM NUMA MÁSCARA.

↓

SÃO SÓ ATORES.

E AS PESSOAS QUE MAIS PODEM NOS PREJUDICAR ESTÃO POR AÍ, DE CARA LIMPA E SORRISOS FALSOS.

TODAS ESSAS COISAS NÃO PODEM TE FAZER MAL. E NEM O QUE PODE DE FATO TE ATINGIR TEM ESSA CAPACIDADE, SE VOCÊ NÃO PERMITIR.

FUTURO

Já que pelo visto as regras do tempo não se aplicam aqui, o que eu diria pra Maisa do futuro? Ou o que a Maisa do futuro diria pra mim?

Bom, uma vez eu ouvi que...

"Se queres prever o futuro, estuda o passado."
CONFÚCIO

E acho que isso faz todo sentido.

Quando eu era pequena... digo, quando eu era *menor*, eu me preocupava demais com o meu futuro. Pode parecer mentira tratando-se de uma criança, mas é sério: meu sonho era ir pra faculdade. Eu tinha 2 anos de idade, um toco de amarrar jegue de tão pequena, e queria ir pra faculdade. Eu via minha Tia Nina indo pra lá sempre, pra fazer Biologia, e eu achava lindo! Eu subia naquelas motoquinhas de criança e falava pra minha mãe que queria ir estudar. Pensa na cena!

Minha tia❋ virou bióloga, meu primo virou biólogo... foi o suficiente pra eu me interessar por biologia marinha e sonhar um pouco mais fundo (fundo, hã? Sacou? Mar, fundo, piada? Hein? Ha!).

❋ E HOJE EM DIA ESTÁ FAZENDO AGRONOMIA! NINGUÉM SEGURA TIA NINA, ELA É DESTRUIDORA MESMO, VIU?

Tá, *Procurando Nemo* também me ajudou a querer ser bióloga.

Passados os meus delírios científicos, eu comecei a sonhar com o meu futuro... exatamente onde eu estava:

Que mágico, eu estava satisfeita com algo que fazia! UAU! Claro que essa preocupação com uma profissão não deveria ser pauta para os pensamentos de uma criança tão pequena... mas convenhamos, a minha realidade e a minha infância **ERAM** diferentes.

Quantas pessoas chegam aos 9 anos de idade já com 6 anos de carreira na televisão?

Pouquíssimas.

Quantas pessoas puxaram a peruca do Silvio Santos e saíram ilesas? Essa última eu espero você pesquisar e me responder. Vai lá.

(ESPAÇO DE ESPERA PARA VOCÊ PESQUISAR)

Viu? Minha infância não foi normal. Minha vó mesmo achava que eu era um extraterrestre por ser tão peque-nininha e conseguir ler as placas na estrada durante as minhas primeiras viagens. Mas a parte mais estranha era o fato de eu gostar de ficar girando uma roleta para premiar outras crianças com – na maioria das vezes – algo que elas não queriam.

– E aí, gostou do seu Melocoton?!

– É a sexta vez que eu ganho um Melocoton!

– Tá bom, querido! Beijo, fica com esse desenho!

– Qual você quer, João?

– Pleisteixo!

– Tá boooom, girando a rooooda...

– Pleisteixo! Pleisteixo! Pleisteixo...

– Tá quase parando...

– Pleisteixopleisteixopleisteixoooo...

– Eeee...

– Pleisteixoporfavornuncatepedinada...

– Obaaa, ganhou um Jogo da Vida!

– BUAAAAAAAAAAAARGH!

Olha só... se você pensar bem, desde pequena eu estava me preparando e preparando outras crianças para o fato de que não podemos controlar o futuro,

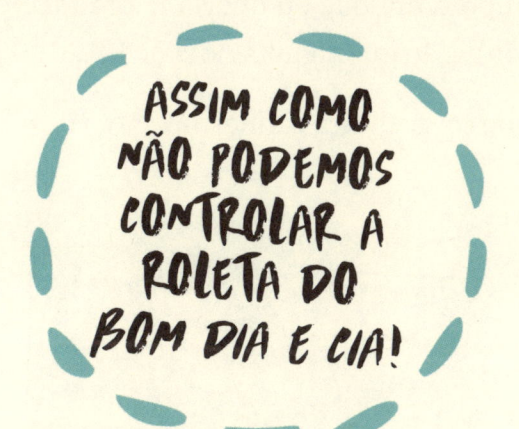

ASSIM COMO NÃO PODEMOS CONTROLAR A ROLETA DO BOM DIA E CIA!

TEMOS QUE APROVEITAR O QUE A VIDA NOS DÁ! ESSE É O VERDADEIRO JOGO DA VIDA! *

* NÃO ACREDITO QUE EU DISSE ISSO, MAS TUDO BEM.

O amanhã não pode ser esquecido, mas também não podemos perder o controle do *hoje*. Não adianta ficarmos reclamando ou pedindo algo impossível. Na mesma época em que eu queria ir pra faculdade de motoquinha, eu queria uma nota de R$ 201,00.

E olha que coisa: nunca ganhei uma nota de R$ 201,00!

E ISSO É TRISTE? NÃO, É SÓ INVIÁVEL, ENTÃO NÃO TENHO POR QUE FICAR TRISTE.

*MENTIRA, EU ADORARIA UMA NOTA DE R$ 201,00 COM A MINHA CARA!

Eu simplesmente fui vivendo, algumas oportunidades foram aparecendo e agarrei as que tive chance. No início, eu nem pensava em ser atriz... eu simplesmente era extrovertida, muito cara de pau e conseguia me dar bem com as câmeras. (E como já disse, tive ótimas referências <3)

Quando percebi, eu estava querendo **MUITO** ser atriz.

E TRATEI DE CORRER ATRÁS PRA REALIZAR MEU SONHO.

Bom, até aquele momento eu só havia tido uma experiência como "atriz" (aspas enormes aí) em uma peça da escola. E na ocasião, no meio de uma fala, me deu

BRANCO TOTAL.

(EU FIZ QUESTÃO DE ANUNCIAR PRA TODA A PLATEIA QUE EU TINHA ESQUECIDO A MINHA FALA, E COMECEI A IMPROVISAR.)

Estudei, treinei, comecei a prestar atenção em atores *novinhos* que nem eu (já viram o Jacob Tremblay, o menininho de *O Quarto de Jack*? Ultimamente, um dos meus preferidos! Ele é incrível e muito fofo!).

Tive preparador, comecei a me consultar com uma fonoaudióloga para melhorar minha pronúncia e deixar minha fala mais clara, fiz aula de música e de dança, meses e meses de workshops de atuação... e ainda assim não me considero uma atriz completa.

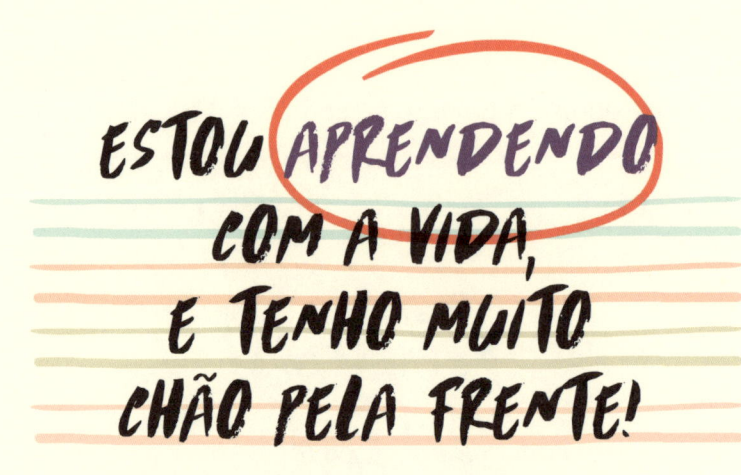

ESTOU APRENDENDO COM A VIDA, E TENHO MUITO CHÃO PELA FRENTE!

Só sei que cada vez mais quero entender os personagens, como eles se comportariam na vida real... e tudo isso se completa quando ligam a câmera.

NADA COMO A VIVÊNCIA E A PRÁTICA!

Eu me lembro em *Carrossel*, quando ligaram as câmeras e eu entrei em cena... Ali eu senti que as coisas estavam **REALMENTE** começando, sabe? Depois de toda a preparação, estudo e ensaios, você ter a chance de colocar em prática o que aprendeu... Minhas referências estavam lá, dentro de mim, esperando para serem utilizadas e entrarem em cena junto comigo. Minhas emoções estavam lá, prontas!

Hoje eu me sinto tão dentro do papel que até faço algumas cenas sem dublê. Eu sou muito ninja, vocês viram lá no começo... Se precisar, eu fico o dia inteiro dentro de um lago cheio de lodo pra filmar uma cena de afogamento!

E então, nessa de aproveitar o agora para estar bem e pronta para o futuro, eu percebo que só consigo me imaginar seguindo carreira em algo relacionado ao que eu faço agora.

Eu quero estudar cinema, roteiro. Quero fazer faculdade na área (mas acho que não vou mais caber na motoquinha), quero aprender todo o processo para mergulhar de cabeça na vida de cinema.

E sem dublês.

Mas então, sobre a primeira pergunta deste capítulo: eu acho que tenho uma resposta.

Eu gostaria de dizer para a Maisa do futuro que estou aproveitando a minha vida, o meu presente. O agora não se chama *presente* de bobeira. Ele é realmente uma dádiva. Eu quero aproveitar minha infância, sabe? Quando, lá na frente, me perguntarem "o que você estava fazendo aos 14 anos?", não quero ter que responder "estava tentando ter 18".

MATURIDADE NÃO É ABRIR MÃO DA INFÂNCIA!

Algumas pessoas querem me zoar porque eu canto músicas pra crianças, mas... pra mim, maturidade não é querer agir como mais velha e usar salto, é ter consciência das coisas que você faz. Amo Disney, *Hora de Aventura*, *Irmão do Jorel*... Eu simplesmente não quero fingir uma idade que não tenho. Eu tenho 14 anos!

QUERO VIVER ESSA FASE, QUERO APROVEITAR ESSE MOMENTO.

Eu diria que a nossa versão baby tem que voltar agora para o tempo dela,

ou a linha do tempo será quebrada e o futuro estará comprometido!

Ai, minha nossa!

É sério isso?

Na verdade, não. Eu só estou vestida assim por causa de um filme que estou gravando. Legal, né?

Mas se quiser aproveitar a carona com o portal, eu te levo!

PLOC!

THANKYOUDECIMENTO

Não sei como fazer um agradecimento...

Acho que gostaria de começar agradecendo a Deus por escolher para mim uma família tão boa.

Quero agradecer à minha mãe e ao meu pai por acreditarem no meu sonho, por abrirem mão de tantas coisas só pela minha carreira e por serem os melhores amigos do mundo! Vocês são incríveis e eu amo vocês dois incondicionalmente.

Quero agradecer aos amigos que fiz nessa jornada: eles com certeza são importantes e fundamentais em várias dessas histórias que contei aqui.

Agradeço ao Pipoca por ser o cachorro-gato mais fofo e leal do mundo, apesar de eu não catar o cocô dele... Mamãe te ama! Agradeço à minha família Silva Andrade... tem **MUITA** gente aí, tipo o Brasil inteiro, sacam?? Vocês são uma família muito doida porém maravilhosa e eu me divirto demais, apesar da distância!

Quero agradecer aos meus fãs. Eles merecem todos os "OBRIGADA" do mundo, por serem incentivadores na minha vida, por me alegrarem, por me apoiarem e por serem o motivo pelo qual eu faço isso. Eu amo trabalhar para as pessoas, vocês tornam o meu sonho real. E eu **PROMETO** que esse é só o começo de uma jornada pra todos nós!

CONTINUEM ACREDITANDO, CONTINUEM CONQUISTANDO, CONTINUEM AGRADECENDO.

Não acredito que um agradecimento tenha me deixado emocionada, mas é isso mesmo.

Obrigada a todos que contribuíram para este livro, vocês são tão ultra mega power glitter fofura que nem tenho um adjetivo para descrevê-los...

É ISSO, EU ♥ VOCÊS.

Este livro foi composto com a tipografia Aleo e impresso em papel Off-White 90 g/m² na Assahi.